ESLC Reading Workl

EASY SPANIS
NOVELS FOR BEGINNERS

With 60+ Exercises & 200-Word Vocabulary

VOLUME 1

Jules Verne's

"THE LIGHT AT THE EDGE OF THE WORLD"

Copyright © 2016
EASY SPANISH LANGUAGE CENTER
ALL RIGHTS RESERVED.

ALL RIGHTS RESERVED:

This book may not be reproduced in whole or in part, by any method or process, without the prior written permission from the copyright holder. Unauthorized reproduction of this work may be subject to civil and criminal penalties.

TRANSLATED, CONDENSED AND PRODUCED BY:
Álvaro Parra Pinto

PROOFREADING:
Magaly Reyes Hill
Dinora Mata Flores

EDITOR:
Alejandro Parra Pinto

PUBLISHED BY:
Easy Spanish Language Center

Copyright © 2016 ESLC. All Rights Reserved

ISBN-13: 978-1530177233

ISBN-10: 1530177235

FREE GIFT

Boost Your Spanish Reading Skills!

THANKS FOR BUYING OUR BOOK! And to express our gratitude, we'd like to give you our **Free 60–Page eBook How to Boost Your Spanish Reading Skills & Comprehension** completely FREE!

Claim your FREE GIFT here:

http://www.easyspanishlanguagecenter.com

ABOUT THIS WORKBOOK

FUN AND EASY TO READ, this didactic workbook in Easy Spanish is based on Jules Verne´s celebrated pirate story The Light at the Edge of the World, translated, edited and simplified to ease reading practice and comprehension using simple wording, brief sentences, moderate vocabulary plus short and entertaining exercises. Especially written in simple, easy Spanish for experienced beginning and low-intermediate students, each chapter is followed by a glossary of Spanish common words and popular expressions and their respective English translations, as well as by fun and simple exercises designed to increase your reading skills, comprehension and vocabulary.

In short words, this new series of workbooks published by the Easy Spanish Language Center aim to provide simple reading practice and boost the development of reading comprehension by offering adequate texts and exercises especially designed to increase the understanding of Spanish as a second language, not only helping students recognize and understand new expressions in a given text, but also to help them identify main ideas, relationships and sequencing based on the understanding that reading is "a complex, active process of constructing meaning" instead of "mere skill application."***THANKS FOR CHOOSING US AND ENJOY YOUR READING PRACTICE!***

CONTENTS

I.-LA APERTURA DEL FARO

ESTA AVENTURA COMENZÓ una **hermosa noche** en la **Bahía** de Elgor, ubicada en la Isla de los Estados, Argentina.

Un **cañonazo** resonó a bordo del buque Santa Fe. A la vez, el **cielo** se iluminó con la luz del **faro** que por primera vez **resplandecía** para guiar las embarcaciones. Quienes observaron el espectáculo desde la **playa**, ¡aclamaron con entusiasmo la primera luz encendida en aquella remota costa!

Luego de la apertura, la tripulación se embarcó en el buque **quedando** sólo en tierra los tres guardianes del faro: Felipe, Vázquez y Moriz. Mientras uno trabajaba en el faro, los otros caminaban por la playa y conversaban llenos de entusiasmo:

–Dime Vázquez, ¿**crees que** el buque parta mañana? –preguntó Felipe, el más joven.

–¡Claro amigo! Por fortuna **culminaron** los trabajos en muy buen momento.

–Sí, ya el faro **está listo** y a partir de hoy todas las noches lo iluminará todo desde lo alto…

–Así es, muchacho, ahora tenemos que trabajar eficientemente para que su luz siempre esté encendida y guie a los barcos.

–¡Qué honor! ¡Ser guardián del faro del Fin del Mundo! –exclamó entusiasmado el joven con una **gran sonrisa**.

–Sí, Felipe, es todo un privilegio. Y ahora, ¡vamos a dormir!

–¡Vamos! En dos horas debo relevar a Moriz.

–Ciertamente, luego me tocará relevarte a las 2 de la mañana. Permaneceré en guardia hasta el amanecer.

LA VISITA DEL CAPITÁN

La noche transcurrió **tranquila**.

El **buque** Santa Fe pertenecía a **la Marina de Guerra** de la República de Argentina. Estaba destinado a la vigilancia de las costas. Sin embargo, en esta oportunidad se utilizó para transportar el material y el personal requerido en la construcción del faro del fin del mundo.

Durante semanas estuvo **anclado** en la bahía, mientras fueron desembarcadas las provisiones que necesitarían sus tres guardianes.

Al día siguiente de la inauguración del faro, el cielo estaba despejado. Después de desayunar, el buen tiempo animó al comandante del buque, el Capitán Lafayette y a su segundo oficial, a desembarcar. Mientras inspeccionaban las instalaciones del faro, **conversaban** sobre la **soledad** y **lejanía** de la Isla de los Estados.

–Trabajar en el faro no será fácil –dijo el capitán–, aunque podría considerarse como unas vacaciones comparado con la ardua labor de ser marinero.

–Estoy de acuerdo, mi capitán.

–El relevo de los guardianes se hará cada tres meses.

–Afortunadamente para ellos, porque no les afectará el intenso frio del invierno de esta zona.

–Sí –afirmó el capitán, mirando el faro–. Por suerte el faro es un sólido refugio.

En ese momento, los tres guardianes salieron a recibir a los oficiales. El capitán Lafayette era muy disciplinado y de inmediato inspeccionó sus uniformes. Dirigiéndose a Vázquez, el jefe de los guardianes, preguntó:

–¿Hubo alguna novedad durante la noche?

–Ninguna, mi capitán –respondió Vázquez.

–¿Las lámparas funcionaron perfectamente?

–Sí, capitán.

–¿Y qué tal les pareció la **habitación**?

–Muy **cómoda** y cálida, mi capitán.

–Ahora, señores, revisemos el faro –dijo el capitán.

Siguiendo a Vázquez, subieron la escalera hasta llegar al **tope del faro**. Desde ahí contemplaron la espléndida vista antes de inspeccionar el resto del lugar. Después de esto, el capitán y el segundo oficial **se despidieron** y regresaron al buque. Ese mismo día iniciaron su **largo viaje** de regreso, alejándose en el inmenso océano rumbo al horizonte.

DESPUÉS DE LA LECTURA

VOCABULARIO

1.-Hermosa noche = beautiful night (lovely night)

2.-Faro = lighthouse

3.-Bahía = bay

4.-Cañonazo = cannonshot

5.-Cielo = sky

6.-Resplandecía = shined (was shining)

7.-Playa = beach

8.-Anclado = anchored

10.-Quedando = staying

11.-¿Crees que = Do you believe that

12.-Culminaron = culminated

13.-Gran sonrisa = wide smile

14.-Buque = warship

15.-Marina de guerra = Marine Department

16.-Está listo = It´s ready

17.-Conversaban = talked

18.-Soledad = solitude

19.-Lejanía = distance

20.-Habitación = room

21.-Cómoda = comfortable

22.-Tope = top

23.-Se despidieron = bid farewell

24.-Largo viaje = long trip or journey

EJERCICIOS

1.-Completa el diálogo:

–¿Hubo alguna novedad durante la ______? -preguntó el capitán.

–Ninguna, mi __________ –respondió Vázquez.

–¿Las __________ funcionaron perfectamente?

–Sí, capitán.

–¿Y qué tal les pareció la ___________?

–Muy cómoda y cálida, mi capitán.

2.-Indica si es Falso o Verdadero:

a.-El faro del fin del mundo queda en Alaska __

b.-El faro sirve para iluminar a los barcos __

c.-Los tres guardias se llamaban Vázquez, Moris y Fernando___

3.-Preguntas de selección múltiple:

Seleccione una única respuesta por cada pregunta

1.-¿Dónde se construyó el Faro del Fin del Mundo?

a.-Venezuela.

b.-Japón.

c.-Argentina.

d.-Australia.

2.-¿Cuántos guardianes cuidan el faro?

a.-Dos.

b.-Tres.

c.-Cuatro.

d.-Uno.

3.-¿Cada cuánto tiempo cambiaban a los guardianes?

a.-Cada semana.

b.-Cada mes.

c.-Cada dos meses.

d.-Cada tres meses.

4.-¿Cómo le pareció la habitación a Vázquez?

a.-Incomoda y fría.

b.-Muy cómoda y cálida.

c.-Amplia y agradable.

d.-Pequeña y fea.

SOLUCIONES CAPÍTULO 1

1.-Completa el dialogo:

Noche, capitán, lámparas, habitación

2.-Indica si es Falso o Verdadero:

a.-F.

b.-V.

c.-V.

3.-***Preguntas de selección múltiple:***

1.-c.

2.-b.

3.-d.

4.-b.

II.-COMIENZA LA AVENTURA

TODOS LOS PERIÓDICOS del mundo hablaron sobre la **grandiosa** iniciativa de Argentina y los enormes beneficios del faro para los barcos que venían del Océano Pacífico: El faro se inauguró a finales de 1859, un año después de iniciada su construcción. Su luz era muy brillante, para que no se confundiera con ninguna otra.

Los tres guardianes fueron elegidos por su destacada capacidad y preparación. Según los planes, cada tres meses, serían **reemplazados**.

Mientras el buque se alejaba en la distancia, Vázquez les dijo a sus **compañeros**:

–Bueno, amigos, ya **estamos solos**. ¡Y ahora a trabajar! **No olviden** que durante los próximos tres meses tendremos que cuidar y proteger el faro.

–Menos mal que tenemos **armas de fuego** y municiones para protegernos si somos atacados –comentó Moriz, el mayor de los tres, levantando su rifle.

–¡**No te preocupes, viejo!** No olvides que la puerta del faro es de **hierro** irrompible. Nadie puede entrar a la fuerza. ¡Te aseguro que estamos a salvo! –exclamó Felipe.

Y así, mientras el buque continuaba su marcha hacia el horizonte, los tres regresaron al faro **convencidos** de que realmente estarían seguros en aquel lejano y solitario lugar.

¡Jamás imaginaron lo **equivocados** que estaban!

UN DESCUBRIMIENTO SORPRENDENTE

El tiempo estaba **cambiando**, se acercaba el fuerte invierno antártico. Sin embargo, los guardianes, ya aclimatados después de varios días de trabajo, estaban seguros de poder desafiar el frío.

Durante las noches, los tres se turnaban para vigilar la luz del faro. En ocasiones, cumpliendo con las **órdenes impartidas**, los guardianes recorrían toda la bahía a pie o en bote.

Era ya rutina, al anochecer, antes de encender el faro, que siempre se reunieran para conversar.

–Ya **me acostumbré** a este lugar. ¿Ustedes cómo se sienten en esta isla? –preguntó Vázquez.

–Bueno, con tanto trabajo al menos **no estamos aburridos** –respondió Felipe.

–Sí, creo que nuestro tiempo aquí pasará **más rápido** de lo que pensaba –agregó el viejo Moriz.

–Llevamos **varios días** aquí y aún no hemos visto pasar barcos –comentó suspirando Felipe.

–**Seguramente** pronto veremos alguno. Y entonces tendrá mucho más sentido nuestra labor –contestó Vázquez.

–¡Claro! –afirmó entusiasmado Moriz– No olvidemos que nuestro faro apenas está **comenzando** a funcionar.

–**Es verdad**, y cuando todos sepan lo bien que alumbra esta costa, muchos van a navegar frecuentemente por aquí –agrego Vázquez

El día siguiente, Felipe y Moriz salieron de cacería y recorrieron la isla. Al rato, el más joven de los dos gritó fuertemente:

–¡Ahí Moriz! ¡Detrás de ti! ¡Un venado!

Moriz volteó y acercándose con cautela vio con asombro que el animal sangraba.

–¡Está herido! ¡Y parece ser una herida de bala!

–¡No puede ser! –exclamó Felipe sin poder creerlo–. ¡Si alguien le disparó entonces quiere decir que no estamos solos en esta isla!

–¡Increíble! ¿Será verdad, después de todo, lo que dice la **leyenda**?

DESPUÉS DE LA LECTURA

VOCABULARIO

1.-Todos los periódicos = all the newspapers

2.-Grandiosa = grand

3.-Compañeros = buddies

4.-No estamos solos = we are not alone

5.-No olviden = don´t forget

6.-Armas de fuego = fireguns

7.-¡No te preocupes, viejo! = Don´t worry, old man!

8.-Hierro = iron

9.-Convencidos = convinced

10.-Estamos equivocados = we are mistaken (we are wrong)

11.-Cambiando = changing

12.-Órdenes impartidas = given orders

13.-Me acostumbré = I grew accustomed

14.-No estamos aburridos = we are not bored

15.-Varios días = several days

16.-Seguramente = surely

17.-Comenzando = beginning

18.-Es verdad = it´s true

19.-Más joven = longer

20.-Leyenda = legend

EJERCICIOS

1.-Completa el dialogo:

–¡Ahí Moriz! ¡Detrás de ti! ¡Un ____________!

Moriz volteó y acercándose con cautela vio con asombro que el __________sangraba.

–¡Está herido! ¡Y parece ser una herida de ________!

–¡No puede ser! –exclamó _________ sin poder creerlo

2.-Responde Falso o Verdadero:

a.-El faro se construyó en dos años __

b.-Los guardianes tienen armas de fuego __

c.-El venado encontrado fue herido con un cuchillo __

3.-Preguntas de selección múltiple:

Seleccione una única respuesta por cada pregunta:

1.-¿ De qué material era la puerta del faro?

a.-Plata inoxidable.

b.-Hierro irrompible.

c.-Acero licuado.

d.-Roca sólida.

2.-¿Cuánto tiempo duró la construcción del faro?

a.-Dos años.

b.-Tres meses.

c.-Un año.

d.-Una década.

3.-¿Cómo se sienten Felipe y Moriz en la isla?

a.-Molestos.

b.-Al menos no se han aburrido.

c.-Felices.

d.-Al menos no pasan hambre.

4.-¿ Cómo sabían que había otras personas en la isla?

a.-Observaron una fogata encendida.

b.-Encontraron un venado herido de bala.

c.-Desenterraron un zapato viejo.

d.-Vieron a un indio corriendo.

SOLUCIONES CAPÍTULO 2

1.-Completa el diálogo:

Venado, animal, bala, Felipe

2.-Responde Falso o Verdadero:

a.-F.

b.-V.

c.-F.

3.-Preguntas de selección múltiple:

1.-b.

2.-c.

3.-b.

4.-b.

III.-LA LEYENDA DE LOS PIRATAS

UNA VIEJA LEYENDA contaba que algunos años atrás una **banda de piratas** había naufragado en aquella isla, procedentes de Argentina y Chile.

Algunos decían que era comandada por un **temible** y sanguinario pirata de apellido Kongre, conocido como "**El Diablo de los Siete Mares**". Lo describían como un hombre fuerte y alto, con **largos bigotes** negros y la mirada del **mismísimo** demonio.

La gente también comentaba que su mano derecha era el Pirata Brutus Carcante, un **asesino enorme** y fornido, a quien todos los demás respetaban y temían.

Pero era más que una leyenda…

Ciertamente, aquellos piratas habían llegado a la isla un tiempo atrás, cuando una **fuerte tempestad** destrozó su embarcación. El mar los había arrojado a una de sus playas, donde encontraron los restos de varias embarcaciones que también habían naufragado. Pronto hallaron **armas**, municiones, objetos de valor y dos cañones, además de equipos de cacería y pesca.

Y esto aseguró su subsistencia por un largo tiempo.

Los piratas eran doce **terribles** asesinos que desde su llegada se adueñaron de la isla.

Siempre que algún barco se acercaba a la costa, ellos lo hundían con sus cañones para después **robar** sus mercancías.

Y así, con el transcurrir de los años y tras numerosos atracos, la **cueva** de los piratas quedó llena de objetos valiosos y **grandes tesoros**.

Un día los doce piratas se reunieron en la cueva y comentaron:

–¡Ya es incalculable el valor de nuestros tesoros! ¡Sin embargo, seguimos presos en esta isla!

–Tienen razón –contestó el pirata Kongre–. Ya es hora de irnos de este lugar. Así que ya está decidido: ¡Nos largaremos lo más pronto posible!

–**Tiene razón**, jefe –replicó Brutus–. ¿Pero cómo nos iremos si no tenemos un barco que nos saque de aquí?

–¡Pues si no lo tenemos entonces conseguiremos uno! ¡Cueste lo que cueste! –gritó Kongre ardiendo de rabia–. ¡Ya no seremos prisioneros de este **maldito** lugar!

Tal era el **panorama** que reinaba en la isla poco antes de comenzar la construcción del faro…

EL PLAN DE LOS PIRATAS

Un día, los piratas **divisaron** una embarcación que se acercaba a la isla. Pero al ver que se trataba de un barco de guerra con muchos cañones y hombres decidieron no atacarlo.

Al verlo anclado en la Bahía, el Pirata Kongre mando a Brutus y otros tres a averiguar de qué se trataba.

Al regresar Brutus le informó lo sucedido:

–Jefe, ya averiguamos todo. ¡El barco está armado hasta los dientes! ¡Sus hombres **nos superan** casi cinco a uno!

–Entonces no podemos atacarlo sin sufrir grandes pérdidas…

–Eso mismo pensé, jefe.

–¿Quiénes son?

–Son muchos uniformados, **jefe**, además de obreros, ¡entre todos son más de cincuenta!

–¿Y qué hacen aquí?

–Vinieron a construir un faro, jefe, es todo lo que logramos averiguar sin que nos vieran…

–¿Un faro?

–Así es, jefe, un faro.

–¡Qué interesante! –exclamó acariciando sus largos bigotes negros–. Si no podemos vencerlos, mejor será esperar.

–¿Esperar, jefe?

–Eso mismo acabo de decir.

–¿Y mientras tanto qué haremos, jefe?

–Pues, mientras tanto será mejor que sigamos escondidos hasta que lo terminen y se marchen. Entonces veremos la manera de matar a todos los que se queden cuidando el faro y nos apoderaremos del faro…

–¡**Qué buena idea jefe**!

–Sera mejor cerrar la cueva y mudarnos a un lugar más seguro mientras…

–¿Pero dónde, jefe?

–Deja todo en mis manos. Sé de un lugar en la otra punta de la isla que está muy escondido y cuenta con un arroyo. Ahí podremos vivir de la caza y de la pesca hasta que terminen el faro. Su luz nos indicará cuando ir por ellos.

–¡Por mil demonios, jefe! ¡Qué buen plan!

Y así pasaron los meses, hasta que la noche que encendieron el faro, Brutus llego corriendo y emocionado:

–¡Por fin! ¡Acaban de encender el faro! –gritó a los piratas.

Escondidos detrás de unos arbustos, los piratas vieron partir el buque. Además, vieron a un par de guardias en lo alto del faro.

Pensaron que sólo había dos hombres vigilando el lugar. Y entonces decidieron matarlos para apoderarse del faro.

–Cuando llegue el próximo barco, lo tomaremos para **huir** de esta isla –anunció el Pirata Kongre– ¡Por fin saldremos de este infierno!

LA ESPERADA LLEGADA

Un día, durante una tormenta, el Pirata Kongre observaba el mar desde la cueva con un largavista. De repente, tomando a Brutus del brazo gritó:

–¡Mira! ¡Allá lejos! –dijo apuntando hacia el mar, entregándole el **largavista**–. ¡Dime si ves lo mismo que yo!

Brutus miró a través del aparato y sorprendido exclamó:

–¡Por mil demonios, jefe! ¡Parece un barco atascado en las rocas! ¿Será verdad?

–¡Claro que es verdad, idiota! –afirmó Kongre–. Es el barco que estábamos esperando.

Mientras lo observaban sopló un fuerte viento y el barco comenzó a sacudirse entre las rocas. Entonces vieron al capitán del navío y su tripulación bajar asustados y tomar un bote salvavidas.

Pero apenas lograron alejarse un poco cuando una **enorme ola** los arrasó por completo ¡y todos se ahogaron!

DESPUÉS DE LA LECTURA

VOCABULARIO

1.-Una vieja leyenda = an old legend

2.-Banda de piratas = pirate band

3.-Temible = dreadful

4.-El Diablo de los Siete Mares = The Devil of the Seven Seas

5.-Largos bigotes = long whiskers or moustache

6.-Asesino enorme = enormous assasin or murderer

7.-Fuerte tempestad = strong storm

8.-Armas = weapons

9.-Terribles = terrible

10.-Robar = rob (steal)

11.-Cueva = cave

12.-Grandes tesoros = big treasures

13.-Tiene razón = You´re right

14.-Maldito = damned

15.-Panorama = panorama

16.-Divisaron = they saw

17.-Nos superan = surpass us

18.-Jefe = boss

19.-Obreros = workers

20.-Buena idea = good idea

21.-Largavista = telescope

22.-Huir = escape

23.-Enorme ola = enormous wave

EJERCICIOS

1.-Completa el dialogo:

–¡Qué buena ________ jefe!

–Sera mejor ____ la cueva y mudarnos a un lugar más __________ mientras.

–¿Pero dónde, _______?

–Deja todo en mis _______.

2.-Responde Falso o Verdadero:

a.-La banda de piratas que había naufragado en la isla, procedía de México __

b.-Kongre era un hombre débil y bajo __

c.-Los piratas se sentían presos en la isla __

3.-Preguntas de selección múltiple:

Seleccione una única respuesta por cada pregunta:

1.-Según la leyenda en la isla había:

a.-Duendes y hadas.

b.-Ladrones de bancos.

c.-Piratas.

d.-Indios salvajes.

2.-¿Qué decidieron hacer cuando vieron un barco de guerra?

a.-Acercarse y saludar.

b.-Atacarlo.

c.-No atacarlo.

d.-Celebrar.

.

3.-¿Cómo se llamaba el jefe de los piratas?

a.-Brutus.

b.-Vázquez.

c.-Felipe.

d.-Kongre.

4.-¿Qué observó Brutus a través del largavista?

a.-Una ballena.

b.-Un venado.

c.-Un barco.

d.-Una persona ahogándose

.

SOLUCIONES CAPÍTULO 3

1.-Completa el diálogo:

Idea, cerrar, seguro, jefe, manos

2.-Responde Falso o Verdadero:

a.-F.

b.-F.

c.-V.

3.-Preguntas de selección múltiple:

1.-c.

2.-b.

3.-d.

4.-c.

IV. EL NUEVO BARCO DE LOS PIRATAS

CUANDO PASÓ la tormenta, los piratas aprovecharon para nadar hasta el barco.

–¡El barco está **intacto**! –gritó Brutus al llegar a él.

La popa mostraba su nombre: *"Maule, Valparaíso"*.

Al revisarlo, el Pirata Kongre y sus hombres notaron que no tenía **grandes daños**. Luego tomó los papeles del **camarote** del capitán y exclamó:

–¡Ya lo tenemos! ¡El barco es nuestro! Preparemos todo para irnos lo antes posible.

–¡**Qué maravilla**, jefe!

–Sólo queda sacarlo de las rocas que lo **aprisionan**. ¡Vamos! **¡Todos a trabajar!**

Después de grandes esfuerzos, entre todos liberaron al barco. Y al verlo flotar gritaron contentos:

–¡**Lo logramos**! ¡Lo logramos!

Una vez que el barco quedó **libre**, descubrieron que estaba roto de un lado y que debían repararlo.

Entonces dijo Kongre:

–Sólo son unos **pequeños daños**, ¡Rápido! ¡Comencemos a repararlo!

Uno de los piratas preguntó:

–¿Pero dónde lo repararemos? ¡Aquí será imposible sin que nos vean!

–El agujero no es **muy grande**. En la cueva tenemos todos los materiales necesarios para repararlo. Creo que resistirá si lo llevamos ahora mismo a ese otro lado de la isla.

–¿Y si ese par de guardias nos ven desde el faro? –preguntó Brutus **rascando su cabeza.**

–Pues entonces primero nos haremos pasar por **forasteros** y les pediremos su ayuda.

–¿Y luego, jefe?

–Pues, ¡después que ese par de imbéciles nos ayuden a repararlo los mataremos y **freiremos** sus cabezas en aceite hirviendo! Ja, ja, ja...

Todos rieron salvajemente imaginando el **diabólico** plan.

Ya había caído la noche cuando llegaron al otro lado de la isla. Entonces vieron al célebre faro proyectando su **brillante luz** sobre el mar.

¡Todo estaba saliendo según lo acordado!

LA BIENVENIDA

Al ver que un barco se acercaba, Felipe y Moriz salieron a recibirlo. **Mientras** tanto Vázquez se quedó trabajando en el faro.

Cuando **finalmente ancló**, los dos guardianes tomaron una balsa y fueron hasta el barco, sin sospechar lo que estaba a punto de suceder.

Después de saludar amablemente Kongre se presentó como el capitán del barco y les ofreció unas copas de vino. Y mientras todos bebían, de repente gritó:

–¡Ataquen! ¡**Mátenlos**!

El viejo Moriz intentó huir pero no pudo. Murió de un hachazo en la cabeza.

Felipe logró saltar del barco. Pero fue alcanzado por dos balas de revólver. Murió en el acto.

Al oír los disparos Vázquez se asomó por una **ventana**. Tomando su largavista, vio el cuerpo sin vida de sus compañeros. ¡No podía creerlo!

¡Aquellos recién llegados los habían matado a **sangre fría!**

¿Pero por qué?

Alarmado, Vázquez tomó sus armas y huyó imaginando lo peor.

DESPUÉS DE LA LECTURA

VOCABULARIO

1.-Intacto = intact

2.-La popa = the stern

3.-Grandes daños = great damages

4.-Camarote = cabin

5.-Qué maravilla = how wonderful

6.-Aprisionan = imprison

7.-¡Todos a trabajar! = everybody get to work!

8.-Lo logramos = we made it

9.-Libre = free

10.-Pequeños daños = small damages

11.- Muy grande = huge

12.- Rascando su cabeza = scratching his head

13.-Forasteros = strangers

14.-Freiremos = we will fry

15.-Diabólico = evil

16.-Brillante luz = shining light

17.-Mientras = while

18.-Finalmente ancló = finally anchored

19.-Mátenlos = kill them

20.-Ventana = window

21.-Cuerpo sin vida = lifeless body

22.-Sangre fría = cold blood

EJERCICIOS

1.-Completa el dialogo:

Entonces dijo Kongre:

–Solo son unos ______ daños, ¡Rápido! ¡Comencemos a repararlo!

Uno de los __________ preguntó:

–¿Pero dónde lo repararemos? ¡Aquí será ________sin que nos vean!

–El agujero no es muy _________

2.-Responde Falso o Verdadero:

a.-El barco Moule Paraiso no tenía grandes daños __

b.-Felipe y Vázquez salieron a recibir a los piratas __

c.-Moriz murió ahogado __

3.-Preguntas de selección múltiple

Seleccione una única respuesta por cada pregunta:

1.-¿Cómo se llamaba el barco que encontraron los piratas?

a.-Maule, Valparaíso.

b.-Santa Fe.

c.-Carcante.

d.-Ninguno de los anteriores.

2.-¿Cómo se presentó Kongre a los guardianes?

a.-El jefe de los piratas.

b.-El capitán del barco.

c.-Un marinero del barco.

d.-Comandante del buque.

.

3.-¿Cómo murió el guardián Moriz?

a.-No murió.

b.-Un balazo en la cabeza.

c.-Un hachazo en la cabeza.

d.-Ahogado.

.

4.-¿Cuántos guardianes del faro fueron asesinados?

a.-Tres.

b.-Uno.

c.-Dos.

d.-Ninguno.

SOLUCIONES CAPÍTULO 4

1.-Completa el diálogo:

Pequeño, piratas, imposible, grande

2.-Responde Falso o Verdadero:

a.-V.

b.-F.

c.-F.

3.-Preguntas de selección múltiple:

1.-a.

2.-b.

3.-c.

4.-c.

V. UN FARO SIN LUZ

VÁZQUEZ SE ESCONDIÓ en un lugar desde donde podía ver el faro. **Abatido** pensaba en la **suerte** de sus compañeros.

–¡Qué **desgracia**! ¡Moriz! ¡Felipe! ¡Ustedes no merecían esto!

Observó a lo lejos a los piratas cuando tomaron el faro y **apagaron** su luz. Al ver esto, exclamó:

–¡El faro sin luz! ¡Será muy peligroso navegar por **estas costas**! ¡A esos piratas no les importa si se **hunden** otros barcos|! ¿Pero qué puedo hacer? Faltan aún dos meses para que regrese el buque Santa Fe.

Entonces, buscando un lugar para esconderse, descubrió una cueva en una playa cercana. Y ahí pasó la noche casi **sin poder dormir**.

EN LA CUEVA

La mañana siguiente, Vázquez salió de la cueva y escuchó unas **carcajadas** viniendo de la playa. ¡Eran cuatro piratas y venían hacia él!

Entonces, escondiéndose detrás de unos arbustos, pudo **escuchar** lo que decían:

–¡Ahí está la caverna! –dijo uno.

–¡Qué suerte que los guardianes del faro **nunca la descubrieron**! –exclamó otro.

–Después de todo, la **entrada** no se puede ver **fácilmente** –dijo un tercero–. ¡Vamos! ¡Entremos de una vez!

Vázquez los observó **mientras** que los piratas entraron a la cueva. Luego de permanecer más de una hora en su interior, salieron con unas **cajas llenas** de provisiones. Se acercó un poco más para poder oír lo que hablaban.

–¡Diablos! –dijo uno–. **¡Qué buena suerte tenemos!** ¡Todo está intacto!

–Ahora, sólo nos queda reparar el barco para poder irnos con todo **nuestro cargamento** –comentó otro.

–Menos mal que tenemos todo lo necesario para las reparaciones. **¡Larguémonos de aquí!**

DESPUÉS DE LA LECTURA

VOCABULARIO

1.-Abatido = defeated

2.-Suerte = luck

3.-Desgracia = misfortune

4.-Apagaron = they put out

5.-Estas costas = these coasts

6.-Observó = he noted

7.-Hunden = sink

8.-Sin poder dormir = without sleep (without being able to sleep)

9.-La mañana siguiente = the next morning

10.-Carcajadas = strong laughter

11.-Escuchar = to listen

12.-Nunca la descubrieron = they never discovered it

13.-Entrada = entrance or entry

14.-Interior = interior

15.-Fácilmente = easily

16.-Mientras = until

17.-Cajas llenas = boxes filled

18.-¡Qué buena suerte tenemos! = How lucky we are!

19.-Nuestro cargamento = our cargo

20.-¡Larguémonos de aquí! = let´s get out of here!

EJERCICIOS

1.-Completa el dialogo:

–¡Ahí está la _____! –dijo uno.

–¡Qué suerte que los guardianes del faro _____la descubrieron! –exclamó otro.

–Después de todo, la ______ no se puede ver ______–dijo un tercero–.

2.-Responde Falso o Verdadero:

a.-Los piratas tomaron el faro y apagaron su luz __

b.- Los piratas no les importa si se hunden otros barcos __

c.- Los piratas salieron con unas cajas llenas de diamantes __

3.-Preguntas de selección múltiple

Seleccione una única respuesta por cada pregunta:

1.-Cuándo los piratas tomaron el faro:

a.-Quemaron el faro.

b.-Apagaron la luz del faro.

c.-Dejaron la luz del faro encendida.

d.-Destruyeron el faro.

2.-Después que murieron sus compañeros ¿dónde pasó la noche Vázquez?

a.-En el faro.

b.-En una cueva en una playa cercana.

c.-En el barco Maule.

d.-En una casa.

3.-¿Cuántos piratas fueron a la caverna?

a.-Dos.

b.-Tres.

c.-Cuatro.

d.-Uno.

4.-Cuando los piratas salieron de la cueva llevaban:

a.-Un cofre lleno de oro.

b.-Unas cajas llenas de provisiones.

c.-Una cesta llena de pescados.

d.-Un perro.

SOLUCIONES CAPÍTULO 5

1.-Completa el diálogo:

Caverna, nunca, entrada, fácilmente

2.-Responde Falso o Verdadero:

a.-V.

b.-V.

c.-F.

3.-Preguntas de selección múltiple:

1.-b.

2.-b.

3.-c.

4.-b.

VI. UN TRABAJO BIEN PESADO

EL BUEN TIEMPO favorecía las reparaciones del Maule, que resultó ser un trabajo **bien pesado**. Los piratas se habían instalado en los anexos del faro.

Cuando Kongre revisó el **libro de registro** del faro, se enteró que los guardias eran relevados cada tres meses. Se sintió tranquilo porque el buque Santa Fe tardaría aún en regresar. Pero además el libro indicaba que había tres **guardianes** en vez de dos.

–¿Entonces hay un tercer hombre? –pensó Kongre–. Si es así, tenemos que estar atentos. Aunque quizás ya **murió**.

Las reparaciones del barco **tardaron** dos meses. En todo éste tiempo, sólo vieron pasar dos barcos y algunos veleros a **gran distancia**. Estos siguieron de largo sin detenerse y sin sospechar lo que sucedía en la isla.

Apenas terminaron las reparaciones, Kongre repartió unas **botellas de ron** entre sus compañeros y emocionado les dijo:

–**Bautizaré al barco** con el nombre de Carcante. Será en honor a ti, mi buen amigo Brutus Carcante. ¡**Y ahora todos a celebrar**!

EL DESCUBRIMIENTO DE VÁZQUEZ

Todo este tiempo, Vázquez permaneció **escondido**. **Soñaba** con ser rescatado y alertar al mundo sobre la presencia de los piratas en la isla.

Todas las noches, antes de **acostarse,** recordaba con tristeza a sus compañeros asesinados sin piedad.

Continuamente iba a la caverna de los piratas para tomar algunas **provisiones.**

Una mañana entró a la caverna y escuchó el ruido del bote que llegaba.

–¡No tengo tiempo para salir! –pensó alarmado–. ¡Me esconderé detrás de estos **baúles**!

Al entrar, Brutus alumbró la cueva con un farol y junto con un par de hombres, tomaron algunas provisiones. Uno de ellos aprovechó para preguntarle:

–**Estoy agotado** de tanto trabajo. ¿Será que nos iremos pronto?

–¡**Por supuesto**! –contestó Brutus–. Los guardias de relevo ya están a punto de venir y tenemos que marcharnos. ¡En unos días nos llevaremos todo lo que está en esta cueva y nunca regresaremos!

Mientras se llevaron algunas cosas, Vázquez los escuchó en silencio, hasta que se marcharon.

Estaba preocupado porque si los piratas se lo llevaban todo, como decían, se quedaría sin provisiones y no tendría nada que comer.

–¿Qué haré cuando se marchen? Aún falta al menos dos semanas para que lleguen los **guardias de relevo**. ¿Y mientras tanto? ¡No quiero morir en esta isla!

Una tarde, Vázquez vio que se avecinaba una gran tormenta. Mirando el horizonte, de repente observó algo a lo lejos:

–¡Es un barco! ¡Un barco! –exclamó **asombrado.**

De pronto, el cielo se oscureció y **comenzó a llover** en medio de vientos huracanados.

–¡Esos piratas son unos desgraciados! ¡No encienden el faro! ¡Y si no lo hacen ese barco se estrellará contra las rocas!

Corrió de prisa a la cueva y tomó algunas cajas de madera para hacer una fogata. Pensaba que así podría guiar al barco. Pero llovía tanto que lamentablemente no logró encenderla.

En ese momento un rayo iluminó el cielo y vio claramente cómo al barco se estrellaba contra las rocas.

DESPUÉS DE LA LECTURA

VOCABULARIO

1.-El buen tiempo = the good weather

2.-Bien pesado = quite heavy

3.-Libro de registro = logbook

4.-Guardianes = guardians

5.-Murió = he died

6.-Tardaron = took

7.-Gran distancia = great distance

8.-Botellas de ron = rum bottles

9.-Bautizaré al barco = I will baptize the ship

10.-Y ahora todos a celebrar = And now let´s all celebrate

11.-Escondido = hidden

12.-Soñaba = dreamed

13.-Acostarse = go to bed

14.-Provisiones = provisions

15.-Baúles = trunks

16.-Estoy agotado = I´m tired

17.-Por supuesto = of course

18.-Asombrado = surprised

19.-Guardias de relevo = replacement guards

20.-Comenzó a llover = it started to rain

EJERCICIOS

1.-Completa el dialogo:

Uno de ellos aprovechó para preguntarle:

–Estoy ______ de tanto trabajo. ¿Será que nos iremos _____?

–¡Por supuesto! –contestó __________–.

Los ____________de relevo ya están a punto de venir y tenemos que marcharnos.

2.-Responde Falso o Verdadero:

a.-Kongre bautizó el nuevo barco con el nombre de su amigo Brutus __

b.- Las reparaciones del barco tardaron dos años __

c.-Vázquez logró encender la fogata __

3.-Preguntas de selección múltiple:

Seleccione una única respuesta por cada pregunta

1.-¿Cómo se enteró Kongre cuantos guardianes tenía el faro?

a.-Por el libro de registro del faro

b.-Los vio al llegar al faro

c.-Uno de los guardianes le informó

d.-Brutus le informó

2.-¿ Cada cuánto llegaban nuevos guardianes?

a.-Cada dos meses.

b.-Cada mes.

c.-Cada año.

d.-Cada semana.

3.-¿Cómo bautizo Kongre al barco reparado?

a.-Moule.

b.-Cracante.

c.-Santa Fe.

d.-Santa María.

4.-¿Qué le pasó al nuevo barco que vio Vázquez llegar?

a.-Chocó contra las rocas

b.-Chocó contra una ballena

c.-Fué atacado por los piratas

d.-Llegó intacto a la orilla

SOLUCIONES CAPÍTULO 6

1.-Completa el diálogo:

Agotado, pronto, Brutus, guardias

2.-Responde Falso o Verdadero:

a.-F.

b.-F.

c.-F.

3.-Preguntas de selección múltiple:

1.a.

2.a.

3.b.

4.a.

VII. DESPUÉS DEL NAUFRAGIO

EL MAL TIEMPO continuó el día siguiente. Kongre indignado, gritó a sus compañeros:

–¡**Por las barbas de Neptuno**! ¡Es imposible partir! ¡Permaneceremos otro día más **presos** en ésta bahía!

Los piratas molestos murmuraron entre sí:

–¡Pero qué **mala suerte**! ¡Qué mala suerte!

A pesar de la lluvia, Vázquez recorría la bahía buscando señales del **naufragio**.

Angustiado pensaba:

–Los piratas no deben saber que anoche **se hundió** ese barco. ¡Debo apresurarme a inspeccionar antes de que esos malvados lo descubran!

Efectivamente encontró los restos de un barco cuyo nombre era el "Century Mobile", según pudo ver en un tablón que estaba **completamente destrozado**.

Comenzó desesperadamente a buscar **sobrevivientes**.

–¡Hola! ¡Hola! ¿Hay alguien aquí? –**gritó a todo pulmón**.

Pero no obtuvo ninguna respuesta. Tampoco encontraba cadáveres y pensó:

–Seguramente fueron **arrastrados** por el mar cuando el barco se hundió.

Después de revisar los restos del barco se dirigió a la playa, donde encontró una caja con galletas y un barril con latas de carne.

–Mejor me apresuro a llevar esto a mi refugio, antes que lleguen los piratas –pensó.

EL SOBREVIVIENTE

De pronto, escuchó una voz quebrantada, gritando:

–¡**Auxiliooo!** ¡Auxiliooo!

Vázquez, corrió hacia dónde provenía la voz y encontró entre las rocas, a un **hombre malherido**. Lo tomó con cuidado y le dijo:

–¡**Tranquilo!** ¡Tranquilo!

El hombre lo miro aterrado y se desmayó.

Vázquez lo cargó con mucho cuidado y lo llevó al refugio.

Al despertar, el pobre hombre suplicaba:

–¡**Agua!** ¡Agua! ¡Un poco de agua, por favor, tengo sed!

Vázquez se acercó y le dio agua. El hombre la tomaba con desespero y sin ningún cuidado, derramándola por todos lados.

–¡Despacio, hombre!

El náufrago agradecido **le tomó la mano** diciéndole:

–¡Gracias, buen hombre!¡**Me siento mejor**! –suspiró–¿Dónde estamos?

–En un refugio, en la Isla de Estados. Su barco naufragó ¿Lo recuerda?

–¡Sí! ¡Sí! ¡El Century! –respondió con horror.

–¿Eres el capitán del barco?

–No, el segundo a bordo –respondió–. Me llamo John… John Davis. –¿Sabe que ocurrió con mis compañeros?

–Hasta donde pude ver, eres el único sobreviviente.

–¡No! ¡No puede ser! –exclamó colocándose las manos en la cabeza afligido–. ¡Todos murieron! ¡Oh mi Dios!

Después de **un momento de silencio**, dijo:

–Lo último que recuerdo es que ante la gran tormenta el Capitán buscaba la luz del faro que nos guiara. ¡No la vimos! ¡No la vimos! –dijo confundido.

–Lo siento…

–Pero, ¿qué pasó? –preguntó tomando de los hombros a Vázquez– ¿Y el faro?

Vázquez le contó lo sucedido en la isla. Indignado le explicó cómo los piratas mataron a sus dos compañeros para luego apoderarse del faro y apagarlo.

–¡Miserables! ¡Por culpa de ellos chocamos! ¡Son unos criminales! ¿Y siguen en la isla?

–Sí, porque estaban reparando su barco para irse. Ya tienen todo listo para partir. Creo que no se han ido por el mal tiempo

–¡Dios mío!

–Y mientras tanto, con el faro apagado, quizás otros barcos corran con la misma suerte del Century…

–¡Ojalá que no!

DESPUÉS DE LA LECTURA

VOCABULARIO

1.-El mal tiempo = the bad weather

2.-¡Por las barbas de Neptuno! = By Neptune´s beard!

3.-Presos = prisioners

4.-Mala suerte = bad luck

5.-Naufragio = shipwreck

6.-Angustiado = worried

7.-Se hundió = sank

8.-Efectivamente = effectively

9.-Completamente = completely

11.-Destrozado = destroyed

12.-Sobrevivientes = survivors

13.-Gritó a todo pulmón = Yelled with all his lungs!

14.-Arrastrados = swept

EJERCICIOS

1.-Completa el diálogo:

–¡Gracias, buen hombre!¡**Me siento** _____! –suspiró–¿Dónde estamos?

–En un refugio, en la Isla de _______ Su barco naufragó ¿Lo ______?

–¡Sí! ¡Sí! ¡El Century! –respondió con _______

–¿Eres el capitán del barco?

–No, el segundo a bordo –respondió–. Me llamo John… John Davis.

2.-Responde Falso o Verdadero:

a.-Vázquez encontró una caja con chocolates y un barril de cerveza __

b.-El hombre rescatado por Vázquez lo miró aterrado y se desmayó __

c.-El Faro fue encendido __

3.-Preguntas de selección múltiple:

Seleccione una única respuesta por cada pregunta

1.-¿ Cómo se llamaba el barco que Vázquez encontró?

a.-Century Mobile.

b.-Santa Fe.

c.-Carcante.

d.-Moule.

2.-¿Cómo se llamaba el sobreviviente del barco?

a.-Moriz.

b.-Vargas.

c.-John Davis.

d.-Brutus.

3.-¿Qué dijo John Davis de los piratas?

a.-¡Son unos criminales!

b.-¡Vamos ayudarlos!

c.-¡Son unos Maleantes!

d.-¡Son unas buenas personas!

4.-¿ Por qué no se habían ido los piratas?

a.-Porque esperaban que los rescataran.

b.-Porque estában felices en la isla.

c.- Porque no querían irse.

d.-Por mal tiempo.

SOLUCIONES CAPÍTULO 7

1.-Completa el diálogo:

Mejor, Estados, recuerda, horror, capitán.

2.-Responde Falso o Verdadero:

a.-F.

b.-V.

c.-F.

3.-Preguntas de selección múltiple:

1. a

2. c

3. a

4. d

VIII. EL MOMENTO DE ZARPAR

AL MEDIODÍA, el pirata Kongre y Brutus caminaban por los alrededores del faro mientras conversaban.

–Parece que finalmente nos iremos, el tiempo está mejorando –dijo Kongre.

–Sí, pero todavía no está **completamente despejado**.

–No creo que eso **nos detenga**.

–Escucha bien Brutus ¡Mañana nos iremos! ¡A esta hora estaremos muy lejos de esta Isla! –agrego.

Al día siguiente, amaneció el cielo despejado. Y **muy temprano** Kongre estaba ya en el barco con **la mayoría** de sus compañeros y todo su botín. Al poco tiempo llegaron los que faltaban.

Entonces, Kongre gritó:

–¡**Leven anclas**!

Pero justamente en el momento de partir, se escuchó una explosión que sacudió al barco.

–¿Qué fue eso? –gritó Kongre sorprendido.

–¡**Nos disparan**! –exclamó Brutus.

–¡Debemos alejarnos! –ordenó el jefe de los piratas.

Inmediatamente una segunda **explosión** impactó al barco.

Esperaron un **largo rato** y no hubo más disparos.

Entonces Kongre dirigiéndose al más viejo de los piratas, dijo:

–Vargas ¡baja a revisar el barco! **No podemos partir** sin antes ver los daños que esas explosiones le hicieron al barco.

Después de ver los daños, Vargas informó:

–Hay que hacer algunas **reparaciones** mi capitán. Es necesario detenernos y volver a anclar.

Lleno de ira Brutus gritó:

–¿Quién pudo hacer esto?

–Debió ser el guardián que dimos por perdido –dijo Kongre.

–¡O algún sobreviviente del naufragio! –exclamó Brutus.

–Lo importante es reparar el barco cuanto antes –contestó Vargas

–¡Entonces pongámonos a trabajar! –agregó el capitán.

REPARANDO EL BARCO

Una vez en tierra, los piratas se dividieron. Unos se quedaron vigilando para no ser sorprendidos por otro ataque. Mientras que otros trabajaban en la reparación.

La noche transcurrió sin ningún incidente.

Al amanecer, Kongre dijo a sus compañeros:

–¡Apúrense en reparar el barco! ¡Debemos largarnos de esta isla lo antes posible!

Mientras, no muy lejos, Vázquez y John Davis conversaban sobre lo ocurrido.

–No nos conviene destrozar el barco pirata–dijo John Davis–. Sólo es necesario mantenerlo en la isla hasta que llegue el buque Santa Fe.

–Sí –respondió Vázquez–, pero los daños que le ocasionamos no fueron mayores. Quizás puedan repararlo en un par de días.

–Recuerda que primero tienen que desembarcar y esto los demorará un día más.

–Tienes razón amigo. Ahora, debemos concentrarnos en buscar otro refugio más lejos.

Al siguiente día, luego de encontrar un nuevo escondite, John Davis dijo:

–Quédate vigilando Vázquez, voy a ver que están tramando los piratas. Estaré de vuelta antes de caer la noche.

–No John, yo voy contigo

–Está bien –respondió.

Tomaron unos revólveres y comenzaron a caminar en dirección al faro. Ocultos entre las rocas, vieron que los piratas estaban terminando de reparar el barco. Y con preocupación dijo John Davis:

–Parece que se van pronto.

–Si, tal vez dentro de pocas horas.

–¡Qué impotencia no poder detenerlos!

Sin embargo, estaban equivocados. Ese día los piratas no se marcharon.

Al anochecer se escuchaban las carcajadas y los gritos de los bandidos que arrastraban bultos sobre el puente.

Davis miró el mar desalentado, cuando Vázquez exclamó:

–Tengo un plan ¡Ven, sígueme!

Vázquez caminó hasta el faro seguido por su compañero. Entonces, le mostró una cueva cerca del faro y dijo:

–¡Entremos!

Una vez en la cueva, le comentó a John Davis su plan:

–Voy a ir al barco, mientras tú me esperas aquí. ¡Estos piratas no saldrán de la isla!

–¿Qué piensas hacer?

–Hace un tiempo atrás, mis compañeros y yo guardamos unos explosivos en esta cueva. Los llevaré al barco para hacerlos detonar.

–¡Qué buena idea! ¡Déjame acompañarte! –exclamó, John Davis.

–Mejor espera aquí. Es menos riesgoso ir solo.

Vázquez tomó los explosivos y se fue a la playa.

Apresuradamente, pero en silencio, comenzó a nadar hacia el barco pirata. Mientras tanto, John Davis lo observaba desde lejos y pensó preocupado:

–¡Ojalá que todo salga bien!

Segundos después, se sobresaltó por el ruido de una explosión. Seguido de gritos y gemidos.

Asombrado, reconoció a Vázquez que nadaba de regreso a la playa.

Vázquez le gritó:

–¡Corre! ¡Corre!

Entraron en la cueva, y se escondieron mientras oían gritar a los piratas:

–¡Lo atraparemos!

–**¡No escapará!**

–¡Pagará por lo que hizo!

La siguiente mañana aún se escuchaban los pasos de los hombres que seguían buscando a Vázquez.

–No sigamos perdiendo el tiempo –dijo uno de los piratas.

–Tienes razón –respondió otro.

–Ya vámonos, total solo logró hacer un **pequeño hoyo** en el casco del barco, que hoy mismo repararemos.

Al escuchar esto, Vázquez y John Davis se sintieron **desanimados**.

Los piratas estuvieron todo el día reparando el barco. Y cuando se dejó de escuchar el ruido de los trabajos Vázquez y John Davis se acercaron a **investigar**:

Casi todos los piratas estaban a bordo. De los pocos que quedaban en tierra, Vázquez identificó a Kongre, que **caminaba** con Brutus hacia el faro.

Al llegar al faro, Brutus tomó el largavista para mirar por última vez el horizonte y asegurarse que todo estuviese despejado. De pronto **espantosamente** gritó:

–¡El buque! ¡El buque Santa Fe!

Sus compañeros desde el barco pirata, **inmediatamente** miraron hacia donde estaba Brutus, entendiendo claramente lo que estaba gritando.

DESPUÉS D E LA LECTURA

VOCABULARIO

1.-Al mediodía = at noon

2.-Completamente despejado = completely cleared

3.-Nos detenga = stop us

4.-Muy temprano = very early

5.-La mayoría = most

6.-Leven anclas = raise anchors

7.-Nos disparan = they're shooting at us

8.-Explosión = explotion

10.-Largo rato = long while

11.-No podemos = we can't

12.-Reparaciones = repairs

13.-Dimos por perdido = Gave for lost

14.-¡No escapará! = He won't escape!

15.-Pequeño hoyo = small hole

16.-Investigar = investigate

17.-Desanimados = discouraged

18.-Identificó = identified

19.-Caminaba = walked

20.-Espantosamente = horribly

21.-Inmediatamente = immediatly

EJERCICIOS

1.-Completa el dialogo:

Y con preocupación dijo John Davis:

–Parece que se van _______

–Sí, tal vez ______ de pocas horas.

–¡Qué _______ no poder detenerlos!

Sin embargo, estaban _______. Ese día los _______ no se marcharon.

2.-Responde Falso o Verdadero:

a.- Al momento de partir, los piratas escucharon una explosión __

b.-Vázquez y sus compañeros habían guardado los explosivos en una cueva __

c.-Los explosivos hicieron un pequeño hoyo en el casco del barco __

3.-Preguntas de selección múltiple:

Seleccione una única respuesta por cada pregunta

1.-¿Qué les pasó a los piratas en el momento de partir?

a.-Comenzó una tormenta.

b.-Les dispararon.

c.-Les cayó un rayo.

d.-No pasó nada.

2. ¿Quién pensó Brutus que había disparado?

a.-Algún sobreviviente del naufragio.

b.-El guardián que dieron por perdido.

c.-Un indígena de la isla.

d.- No pensó nada.

3. ¿Cuál era el plan de Vázquez?

a.-Ir a saludar a los piratas.

b.-Llevar unos explosivos al barco pirata y hacerlos detonar.

c.-Lanzarles rocas al barco pirata.

d.-Ir al barco pirata y enfrentárseles con armas de fuego.

.

4.-¿Qué vio Brutus por el largavista?

a.-Una Ballena.

b.-El buque.

c.-A Vázquez.

d.-Un Naufragio.

SOLUCIONES CAPÍTULO 8

1-.Completa el diálogo:

Pronto, dentro, impotencia, equivocados, piratas.

2-.Responde Falso o Verdadero:

a.-V.

b.-V.

c.-V.

3.-Preguntas de selección múltiple:

1.b.

2.a.

3.b.

4.b.

IX. EL REGRESO DEL BUQUE SANTA FE

LOS PIRATAS SE miraban confundidos sin saber qué hacer.

–**¡No puede ser!** ¡El buque! –exclamó uno de ellos.

–¿Será cierto? ¿No será otro barco? –preguntó otro.

Kongre preguntó:

–**¿Estás seguro, *Brutus*?** ¿Viste bien? ¡Dame el maldito larga vista!

Luego de observar con **detenimiento** en la dirección que le indicó Brutus, suspiró molesto diciendo:

–¡Rayos!¡Tienes razón!¡Es el buque Santa Fe!

–¡Qué mala suerte, mi capitán! ¡**Regresaron** y nosotros todavía en ésta maldita isla! –dijo Brutus, lleno de ira.

–¡Deja ya de **protestar**! –gritó Kongre–. ¡Debemos partir cuanto antes! Como el buque no ve la luz del faro, no entrará a la bahía.

Por su parte, Vázquez y Davis al **entender la situación**, pensaron en el peligro del buque sin la luz del faro para orientarlo.

–**Debemos ir** al puerto y encender una fogata para guiar al buque –dijo Vázquez.

–No hay tiempo. Mejor **esperemos** acá.

Mientras tanto, siguiendo las órdenes de Kongre, los piratas se **apresuraban** para partir.

Lograron salir de la bahía pero el mar estaba muy agitado. Las olas inmensas golpeaban **fuertemente** el barco. Una hora **después** de luchar contra la corriente, Kongre decidió anclar a menos de dos millas de distancia del faro, para **no estrellarse** contra las rocas.

EL FARO CON LUZ NUEVAMENTE

Al salir el barco pirata, Vázquez y Davis corrieron hasta la playa y vieron que era **muy riesgoso** navegar con ese tiempo.

–Seguramente tendrán que esperar hasta el amanecer para **atravesar** la bahía –exclamó Vázquez –¡Ahora no podrán **escapar**! –dijo con entusiasmo.

–**¡Ven sígueme**! ¡Encendamos el faro! –agregó

Corrieron en dirección al faro y lo encendieron. La luz del faro alumbró el cielo y su resplandeciente brillo iluminó el mar.

Al ver la luz del faro, los piratas empezaron a **gritar** maldiciones. Kongre se dirigió a sus hombres y les dijo:

–¡Corran! ¡**Rápido**! ¡Maten a ese desgraciado y apaguen la luz del faro!

Cuando se acercaban al faro, Vázquez y Davis dispararon y mataron a Brutus y a Vargas. Entonces escucharon los **silbidos del buque** que llegaba a la bahía y corrieron a toda prisa a recibirlo.

Pero también lo escucho Kongre, quien gritó a sus compañeros desesperado:

–¡No hay tiempo! **¡Huyamos!**

DESPUÉS DE LA LECTURA

VOCABULARIO

1.-¡No puede ser´! = It can’t be!

2.-¿Estás seguro? = Are you sure?

3.-Detenimiento = thoroughly

4.-Regresaron = they returned

5.-Deja ya de protestar = Stop protesting

6.-Al entender = understanding or when understanding

7.-La situación = the situation

8.-Debemos = we should (we need to)

9.-Esperemos = wait

10.-Apresuraban = hurried

11.-Fuertemente = strongly

12.-Después = after

13.-No estrellarse = not crashing

14.-Muy riesgozo = very risky

15.-Atravesar = cross or move across

16.-Escapar = escape

17.-¡Ven sígueme! = Come, follow me!

18.-Corrieron = they ran

19.-Gritar = to scream

20.-Rápido = quickly

21.-Silbidos del buque = the ship's whistling

22.-¡Huyamos! = let's flee!

ACTIVIDADES

1.-Completa el diálogo:

–Seguramente tendrán que _____ hasta el amanecer para ______ la bahía –exclamó Vázquez –¡Ahora no podrán ______! –dijo con entusiasmo.

–¡____ sígueme! ¡Encendamos el _____! –agregó

Corrieron en _______ al faro y lo encendieron

2.-Responde Falso o Verdadero:

a.-Brutus y Kongre encendieron el Faro __

b.-Al ver la luz del faro, los piratas empezaron a gritar alegres __

c.-Vázquez y Davis dispararon y mataron a Brutus y a Vargas __

3.-Preguntas de selección múltiple

Seleccione una única respuesta por cada pregunta

1.-¿ Qué observó Kongre por el largavista?

a.-El barco Century Mobile.

b.-El buque Santa Fe.

c.-Un naufragio.

d.-Una Ballena.

2.-¿Qué dijo Kongre cuando vió el buque?

a.-¡Debemos ir al faro¡

b.-¡Debemos esperar!

c.-¡Debemos partir cuanto antes!

d.-Brutus baste cargo.

.

3.-¿Qué hicieron Vázquez y Davis al salir el barco pirata?

a.-Encendieron el faro

b.-Encendieron una fogata

c.-Levantaron un hasta con una bandera

d.-Comenzaron a gritar

4.-¿ Qué dijo Kongre al escuchar el silbato del buque Santa Fe?

a.-Enciendan una fogata

b.-Huyamos

c.-Vayamos a recibir el buque

d.-Comiencen a gritar

SOLUCIONES CAPÍTULO 9

1.-Completa el diálogo:

Esperar, atravesar escapar, ven, Faro, dirección

2.-Responde Falso o Verdadero:

a.-F.

b.-F.

c.-V.

3.-Preguntas de selección múltiple

1.-b.

2.-c.

3.-a.

4.-b.

X. EL ESPERADO DESENLACE

VÁZQUEZ Y JOHN DAVIS recibieron el buque. Salió al encuentro el capitán Lafayette quien después de saludarlos preguntó **confundido**:

–¿Por qué hoy se encendió el faro **tan tarde**? ¿Qué ha pasado? –preguntó con gran asombro.

–Capitán, el faro lleva sin encenderse nueve semanas – respondió Vázquez.

–¿Cómo es posible Vázquez? **¿Por qué dejó de funcionar?** ¿Y sus compañeros? –preguntó alarmado el capitán.

Entonces, Vázquez le contó lo que había sucedido.

Detalladamente relató cómo los piratas habían matado sin piedad a Felipe y Moriz, para luego **apoderarse** del faro. También le contó la desgracia ocurrida al barco Century Mobile, ocasionada por no encender la luz del faro.

–John Davis fue el único **sobreviviente** del barco, mi capitán – dijo Vázquez señalando a su compañero.

–**Lamento** mucho lo ocurrido –dijo el capitán dirigiéndose a John Davis–. Agradezco la **valentía** y coraje que ha tenido. Sin su ayuda y la de Vázquez no hubiéramos podido entrar.

–Y ¿dónde están esos piratas? –agregó.

Están aún en la bahía mi capitán, el mal tiempo no les ha permitido irse.

Pues entonces mañana los buscaremos y **atraparemos** a esos malvados.

EL FINAL DE LA HISTORIA

A la mañana siguiente, le presentaron a Vázquez los nuevos guardianes del faro.

El capitán se dirigió a su tripulación:

–Tenemos que capturar al resto de la banda. Por la seguridad de los nuevos guardianes del faro, y para evitar más **desgracias**.

Revisaron toda la bahía y finalmente, encontraron anclado el barco pirata. Sorprendieron a los malhechores y los capturaron. Pero no encontraron al jefe de la banda. ¡Había escapado!

Durante el resto del día y la mañana siguiente estuvieron buscando a Kongre, sin encontrarlo.

Atardeciendo, Vázquez **recorría** la playa con los nuevos guardianes, cuando distinguió la silueta de un hombre cerca de las rocas.

–¡Es Kongre! ¡Es él! –gritó.

El capitán Lafayette, Davis y unos cuantos marineros corrieron al sitio para atrapar al bandido.

–Pero, ¿qué hace allí? ¿Vendrá a entregarse? –dijo Vázquez.

En ese momento, se escuchó la detonación de un disparo y el cuerpo de Kongre cayó en el mar. El bandido desesperado decidió acabar con su vida dándose un tiro en la cabeza.

Luego de este **inesperado** desenlace el capitán Lafayette dijo:

–Terminaron las **fechorías** de estos piratas en la Isla de los Estados. Todo volverá a la normalidad –agregó.

Dirigiéndose a Vázquez y a John Davis, el capitán Lafayette dijo:

–Gracias por cuidar del faro, han sido **muy valientes** –y les dio un fuerte apretón de manos.

Tres días después, el capitán Lafayette **gritó** con **gran entusiasmo**:

–¡Leven anclas!

Y rumbo a Buenos Aires, el buque Santa Fe se alejó de la isla. Dirigiéndose a Vázquez y a John Davis, el capitán dijo:

–Los guardianes y el faro estarán seguros y sin ninguna **amenaza** de peligro.

–¡Gracias a Dios! –afirmó Vázquez.

Y así después de esta **gran aventura**, el buque siguió su rumbo guiado por el fuerte resplandor de la luz del legendario *Faro del **Fin del Mundo***.

DESPUÉS DE LA LECTURA

VOCABULARIO

1.-Recibieron = they received (they got).

2.-Confundido = confused.

3.-Tan tarde = so late.

4.-¿Por qué dejó de funcionar? = Why did it stop working?

5.-Detalladamente = in detail

6.-Apoderarse = take or gain control

7.-Sobreviviente = survivor

8.-Lamento = I regret

9.-Muy valientes = very brave

10.-Atraparemos = we will catch

11.-Desgracias = disgraces

12.-Recorría = crossed

13.-Inesperado = unexpectedly

14.-Fechorías = wrongdoings

15.-Grito =scream

16.-Gran entusiasmo = great enthusiasm

17.-**Amenaza = threat**

18.-Gran aventura = great adventure

19.-Fin del Mundo = End of the World or **Edge of the World**

EJERCICIOS

1.-Completa el diálogo:

Dirigiéndose a Vázquez y a John Davis, el ______ dijo:

–Los _______y el faro estarán seguros y sin ninguna _______ de peligro.

–¡Gracias a Dios! –afirmó _______

2.-Responde Falso o Verdadero:

a.-Vázquez le dijo al capitán que el faro llevaba sin encenderse nueve meses __

b.-Kongre decidió acabar con su vida dándose un tiro en la cabeza __

c.-El capitán les dijo a Vázquez y Davis que habían sido muy valientes __

3.-Preguntas de selección múltiple

Seleccione una única respuesta por cada pregunta

1.-¿ Cuánto tiempo sin luz tenía el faro?

a.-Una semana.

b.- Nueve semanas.

c.-Tres semanas.

d.-Cinco semanas.

2.-¿Cómo murió Kongre?

a.-Se cayó de un árbol

b.-Se ahogó en el mar

c.-Se dio un disparo en la cabeza

d.-Se lo comió un tiburón

3.-¿Qué dijo el capitán Lafayette a Kongre y John Davis?

a.-Les dijo que tendrían que quedarse un mes más en el faro

b.-Les dijo que eran muy cobardes.

c.-Les dijo que habían sido muy honestos.

d.-Le dio las gracias por cuidar del faro.

4.-¿Cuántos días después de la captura de los piratas partió el buque Santa fe?

a.-Una semana

b.-Tres días

c.-Cinco días

d.-Cinco semanas

SOLUCIONES CAPÍTULO 10

1.-Completa el dialogo:

Capitán, guardianes, amenaza, Vázquez.

2.-Responde Falso o Verdadero:

a.-F.

b.-V.

c.-V.

3.-Preguntas de selección múltiple

1.-b

2.-c

3.-d

4.-b

JULIO VERNE: EL GRAN VISIONARIO

Por Paúl Davila

JULIO VERNE NACIÓ el 8 de febrero de 1828, en el barrio de Feydeau de Nantes, Francia. Era el mayor de 5 hijos.

Cuando terminó su primaria su padre le regaló a él y a su hermano, Paúl, un velero con el que planearon descender por el Loira hasta el mar. Sin embargo, Julio declinó al momento de emprender la aventura ya que no había sido suficiente la planificación de aquel viaje.

Muchos biógrafos afirman que a los once años, se escapó de casa para ser cocinero en un barco que viajaba a India llamado Coralie, con la intención de comprar un collar de perlas para su prima Caroline (de quien estaba enamorado). Pero su padre lo alcanzó y lo bajó del barco. Y desde entonces empezó a escribir historias.

Verne estaba interesado en la poesía y la ciencia. Leía y coleccionaba artículos científicos, demostrando una curiosidad casi enfermiza que le duraría toda la vida.

En París se graduó de abogado. Mientras tanto seguiría escribiendo. A pesar de las amenazas de su padre de que se dedicara a su carrera de abogado o le quitaba el financiamiento, Verne desiste. Ya sin el financiamiento de su padre, gasta todos sus ahorros en libros y se pasa largas horas en las bibliotecas de París estudiando de todo: geología, ingeniería y astronomía, conocimientos con los que más adelante documentaría sus fantásticas aventuras y predijera con asombrosa exactitud muchos de los logros científicos del siglo XX. Hablaría de cohetes espaciales, submarinos, helicópteros, aire acondicionado, misiles dirigidos e imágenes en movimiento, mucho antes de que aparecieran estos inventos.

A Verne le encantaba viajar.

En 1859, después de visitar Noruega y Dinamarca, viaja a Escocia con su amigo Hignard. Su primera obra de ficción científica es también la primera novela que escribió, *París en el siglo XX*, y una de las pocas que no publicó en vida —se imprimió en 1994—; Pierre-Jules Hetzel, su editor, rechazó la novela por el pesimismo que encerraba, pues presagiaba una sociedad en que la gente vive obsesionada con el dinero.

En 1869 publicaría su primera novela "Cinco semanas en Globo", un éxito fulminante, gracias al cual firmó un espléndido contrato con el editor P. J. Hetzel, que le garantizaría la cantidad anual de 20.000 francos durante los siguientes veinte años, a cambio de lo cual, se obligaría a escribir dos novelas de un nuevo estilo cada año. Luego le siguieron otras novelas a la gran producción del autor: "Viaje al centro de la tierra", "De la tierra a la luna", “El faro del fin del mundo”, “La vuelta al mundo en 80 días” y “20,000 Leguas de viaje submarino", entre otros bestsellers.

Julio Verne fallece en 1905 a los 77 años de edad en Amiens, Francia. Y aunque nunca salió de Europa, describió cientos de tierras lejanas en sus libros, literalmente dándole la vuelta al mundo con su imaginación.

ESLC READING WORKBOOKS SERIES

VOLUME 1:
THE LIGHT AT THE EDGE OF THE WORLD
by Jules Verne

VOLUME 2:
THE LITTLE PRINCE
by Antoine de Saint-Exupery

VOLUME 3:
DON QUIXOTE
by Miguel de Cervantes

VOLUME 4:
GULLIVER
by Jonathan Swift

VOLUME 5:
THE ADVENTURES OF SHERLOCK HOLMES
by Sir Arthur Conan Doyle

VOLUME 6:
20,000 LEAGUES UNDER THE SEA
by Jules Verne

CHILDREN´S BOOKS IN EASY SPANISH SERIES

VOL. 1: PINOCHO

VOL. 2: JUANITO Y LAS HABICHUELAS MÁGICAS

VOL. 3: ALICIA EN EL PAÍS DE LAS MARAVILLAS

VOL. 4: PETER PAN

VOL 5: LA SIRENITA

VOL. 6: LA BELLA DURMIENTE

VOL. 7: BLANCANIEVES Y LOS SIETE ENANOS

VOL. 8: LA CENICIENTA

VOL. 9: EL LIBRO DE LA SELVA

VOL 10: EL JOROBADO DE NOTRE DAME

VOL 11: HANSEL Y GRETEL ¡y más!

VOL 12 GULLIVER

VOL 13: RAPUNZEL

VOL 14: LA REINA DE LAS NIEVES

VOL 15: BAMBI

VOL 16: LA BELLA Y LA BESTIA

VOL 17: HÉRCULES

FUNNY TALES IN EASY SPANISH SERIES

VOL. 1: JAIMITO VA A LA ESCUELA

VOL. 2: EL HOSPITAL LOCO

VOL. 3: VACACIONES CON JAIMITO

VOL. 4: EL HOSPITAL LOCO 2

VOL. 5: RIENDO CON JAIMITO

VOL. 6: NUEVAS AVENTURAS DE JAIMITO

VOL. 7: JAIMITO REGRESA A CLASES

VOL. 8: JAIMITO Y EL TÍO RICO

VOL. 9: JAIMITO Y DRÁCULA

VOL. 10: JAIMITO Y MR. HYDE

BEDTIME STORIES IN EASY SPANISH

VOL 1: RICITOS DE ORO Y OTROS CUENTOS

VOL 2: PULGARCITO Y OTROS CUENTOS

VOL 3: LOS TRES CERDITOS Y OTROS CUENTOS

VOL 4: LOS ZAPATOS MÁGICOS Y OTROS CUENTOS

VOL 5: EL GATO CON BOTAS Y OTROS CUENTOS

VOL 6: CAPERUCITA ROJA Y OTROS CUENTOS

VOL 7: RUMPELSTILTSKIN Y OTROS CUENTOS

VOL 8: LOS DUENDES Y EL ZAPATERO Y OTROS CUENTOS

VOL 9: EL SASTRECITO VALIENTE Y OTROS CUENTOS

"The Light At The Edge Of The World"

SELECTED READINGS IN EASY SPANISH SERIES

VOL 1: TARZÁN DE LOS MONOS y...

VOL 2: LOS VIAJES DE GULLIVER y...

VOL 3: DE LA TIERRA A LA LUNA y...

VOL 4: ROBINSON CRUSOE y...

VOL 5: VIAJE AL CENTRO DE LA TIERRA y...

VOL 6: CONAN EL BARBARO y...

VOL 7: EL RETRATO DE DORIAN GRAY y...

VOL 8: DR. JEKYLL AND MR. HYDE y...

VOL 9: LA ISLA MISTERIOSA y...

VOL 10: DRÁCULA y...

VOL 11: ROBIN HOOD

VOL 12: LA VUELTA AL MUNDO EN 80 DÍAS

ALL RIGHTS RESERVED:

This book may not be reproduced in whole or in part, by any method or process, without the prior written permission from the copyright holder. Unauthorized reproduction of this work may be subject to civil and criminal penalties.

TRANSLATED AND CONDENSED BY:
Álvaro Parra Pinto

PROOFREADING:
Magaly Reyes Hill
Dinora Mata Flores

EDITOR:
Alejandro Parra Pinto

PUBLISHED BY:
Easy Spanish Language Center

Copyright © 2016 ESLC.
ALL RIGHTS RESERVED